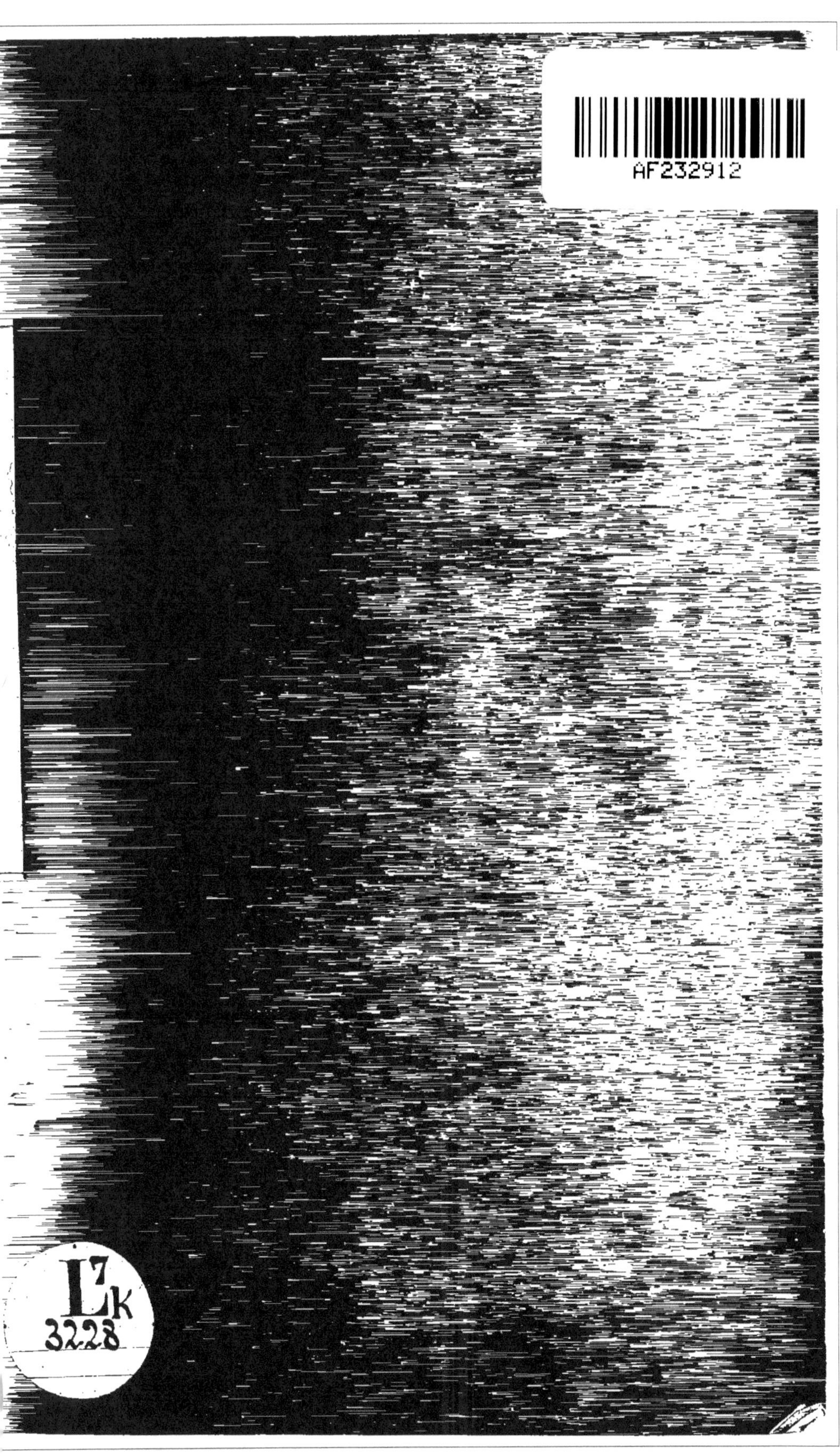

DESCRIPTION

DE LA BAUME

ou

GROTTE DES DEMOISELLES,

DESCRIPTION

DE LA BAUME

ou

GROTTE DES DEMOISELLES,

A SAINT-BAUZILE PRÈS DE GANGES

DANS LES CÉVENNES.

Par M. MARSOLLIER DES VIVETIERES, *Conseiller à la Cour des Comptes, Aides & Finances de Montpellier.*

1785.

DESCRIPTION
DE LA BAUME
O U

GROTTE DES DEMOISELLES,

A SAINT-BAUZILE PRÈS DE GANGES

DANS LES CÉVENNES. (*)

Séduits par les objets, qui fur le globe attirent nos regards, nous n'imaginons pas que fon intérieur puiffe en renfermer d'auffi dignes de notre curiofité. L'intérêt fait tous les jours pénétrer dans le fein de la terre : avides à leur tour des richeffes qu'elle renferme, les naturaliftes vont fouiller jufques dans fes entrailles. Les coquilles, les bois pétrifiés, les volcans font des livres inconteftables où l'on puife tous les jours de nouvelles

---

(*) Plufieurs circonftances ont fait différer jufqu'à préfent à rendre publique la defcription de cette grotte : la maniere flatteufe dont a bien voulu l'accueillir l'académie de Lyon, à la lecture qui lui en a été faite, a déterminé Mr. M. D. V. à la faire imprimer.

A 3

connoiſſances, & c'eſt par une ſuite de ces travaux multipliés, de ces recherches utiles, que l'homme eſt parvenu, non pas encore à s'inſtruire, mais du moins à douter.

Les montagnes ſont un des objets les plus faits pour mériter l'attention d'un obſervateur curieux ; ces vaſtes réſervoirs, ces éponges ſalutaires qui s'imbibent de l'eau des nuages, les filtrent, les diſtribuent par mille canaux ſouterrains ; ces rocs dépouillés, décharnés, dont la décrépitude ſemble reculer l'antiquité du monde ; cette chaîne de productions, de deſtructions ſucceſſives dont une génération diſtingue à peine un degré ! .... Qui croiroit que ces objets ſi intéreſſans en recelaſſent de plus intéreſſans encore, que pluſieurs des maſſes énormes qui ſemblent ſurcharger l'univers ne fuſſent que des voûtes artiſtement ſoutenues qui cachent des édifices myſtérieux où la nature ſemble s'être ſurpaſſée elle-même ? là en ſilence, elle travaille. A l'abri des contradictions des hommes, elle ſe joue des plus grandes difficultés, ſans maître, ſans regles connues, ſoumiſe à des cauſes ſecondes, l'art même eſt étonné de ſes combinaiſons fortuites & pourtant régulieres, de ſon audace, de la grandeur qui regne dans ſes compoſitions, de la majeſté qui éclate dans ſes caprices & ſur-tout de la ſimplicité des moyens qu'elle emploie.... Le vulgaire s'enthouſiaſme & croit tout connoître : le philoſophe admire & gémit de ſon ignorance.

On a beaucoup cité ces antres ſouterrains connus ſous le nom de *grottes*, de *baumes*. On a même pénétré dans le ſein de pluſieurs, mais ſouvent les difficultés qui accompagnent ces voyages ont refroidi la curioſité des obſervateurs inſtruits, & l'on s'eſt contenté de voir celles dont l'accès étoit le plus facile. Cependant on a remarqué que les plus belles étoient précisément celles où l'on arrivoit avec le plus de peine, où l'on defcendoit avec le plus de danger, comme fi la nature s'étoit plue à défendre fes tréfors, à les mettre à l'abri des atteintes de la multitude. Elle fembloit deviner l'ingratitude de fes enfans; par-tout où les hommes ont pu pénétrer, on voit qu'ils ne favent que détruire, & ce n'eft qu'en faifant de nouvelles découvertes qu'on peut efpérer d'admirer le travail de la nature dans fon entier.

Il y a quelques années que M. Lonjon, juge des gabelles de la ville de Ganges, amateur paffionné des curiofités de la nature, après avoir fouillé prefque toutes les grottes qui environnent la ville qu'il habite, fut tenté d'entrer dans la baume des Demoifelles, *de las Doumaifelles* ou *des Fées*. Cette grotte fituée à trois-quarts de lieue de Ganges près de St. Bauzile, dans un bois placé fur la cime d'une montagne fort efcarpée, appellée le *Roc de Taurach*, a de la réputation dans le pays; on prétend que dans le temps des guerres de religion, une famille fans reffources, pour éviter la perfécution & la mort, fe retira dans cet antre; que fouvent on appercevoit le foir quelques-uns de ces infortunés, nus, pâles, défigurés, cherchant à voler des chevres qui graviffoient le long des rochers; qu'ils vivoient d'herbes, de racines & des captures qu'ils pouvoient faire; on croit qu'ils donnerent le jour à quelques malheureufes créatures, qui ayant perdu l'ufage des vêtemens devinrent des efpeces de fauvages, l'épouvante des bergers des environs. Le peuple aime le merveilleux: bientôt il en fit des forciers, des Fées; bientôt il ne fut plus permis de douter de leur exiftence,

& l'on s'accoutuma à croire à leurs prodiges, comme à fouffrir leurs rapines : le temps, la mifere, les maladies finirent leurs maux & leur race ; des offemens confervés annoncent qu'ils y ont fait un affez long féjour : plufieurs outils groffiérement fabriqués ont pu donner une idée de leurs arts, & de leur intelligence. L'effroi qu'ils avoient répandu avoit fait regarder ce lieu comme dangereux, & depuis long-temps perfonne n'ofoit fuivre les détours que cette grotte offroit.

M. Lonjon excité par les narrations des habitans & par les craintes même qu'ils témoignoient ne put réfifter au defir de s'affurer par lui-même de la vérité des faits. Les difficultés ne le rebuterent point.

Il parcourut plufieurs falles & fa curiofité toujours renaiffante lui en faifoit defirer de nouvelles. Une ouverture fe préfente : elle étoit affez étroite pour qu'il n'y put paffer que la tête ; il y fait jeter une torche : l'efpace s'agrandit, la voûte s'éleve, les précipices fe creufent & le defir du naturalifte s'accroît encore. Il revient quelques jours après ; la mine joue, l'ouverture s'élargit ; il y paffe fuivi d'un fidele payfan, (*) feul compagnon de fon entreprife ; mais arrêté bientôt, par des difficultés infurmontables, il fe retire en formant le projet de fe munir de ce qui lui feroit néceffaire pour defcendre dans ces abymes, qu'il n'a fait qu'entrevoir.

Plufieurs années fe paffent : le hafard me fait rencontrer M. Lonjon, à Montpellier. Le même goût nous réunit. J'avois vifité avec le plus grand foin les grottes de St. Guilhen, de St. Pons, du Minervois : il me reftoit à voir celles de Ganges. La baume des Demoifelles fut

____

(*) Le nommé Pierre, payfan de Ganges, l'un des hommes les plus adroits & les plus courageux que j'aie rencontrés.

citée ; la defcription me parut un roman & me fit naître le defir d'en juger par moi-même.... M. Lonjon me parla de dangers. Je répondis en choififfant le jour. Nous imaginâmes feulement quelques précautions à la hâte & nous les crûmes plus que fuffifantes.

M. Brunet, jeune homme d'une bonne famille de Montpellier, & qui s'adonne aux fciences dans un âge où l'on ne penfe communément qu'à fes plaifirs, confentit à m'accompagner ; mon domeftique & deux payfans nous fuivirent. Une échelle de corde de cinquante pieds, des cordes, des flambeaux, quelques vivres & de la curiofité, c'eft avec ces provifions que nous nous mîmes en marche, le mercredi 7 juin 1780, pour cette expédition fouterraine.

Nous n'eûmes d'abord que de la fatigue; il faut gravir, (car on ne peut dire monter) pendant près de trois-quarts d'heure; le foleil, la réverberation des rochers, les fentiers tracés feulement par les pieds des chevres, les cailloux qui roulent, les marteaux, les flambeaux, les cordes, les provifions, (chacun en porte fa part) tout cela ajoute encore à la difficulté de la marche. On avoit négligé de fe munir d'eau, l'on efpéroit en trouver dans la grotte, & ce fut une des chofes qui contribuerent le plus à rendre le voyage pénible; des cerifes y fuppléerent.

Au milieu de la montagne on s'arrête au *Mas de la Cofte* (*Mas* veut dire *Petite-Maifon;*) nous y augmentâmes notre caravane d'un homme & d'une échelle. Sur le haut du roc fe trouve un petit bois de chênes verds qui offre un ombrage agréable, & protege de fon ombre myftérieufe l'ouverture de la caverne.

Elle préfente la figure d'un entonnoir; le haut peut

avoir vingt pieds de diametre, & la profondeur peut être de trente pieds. Cette ouverture eſt tapiſſée délicieuſement par des arbres, des plantes, des vignes ſauvages avec leurs raiſins, & ſemble vouloir faire regretter l'aſpect de la nature qu'on va quitter pour s'enfoncer dans ces ſombres abymes. Il faut que l'aſpect en ſoit bien effrayant, car le chien de M. Brunet, animal très-attaché à ſon maître, préféra de paſſer huit heures à l'entrée de la grotte en faiſant des hurlemens affreux & qu'il continua tout le temps, de la maniere la plus touchante & la plus expreſſive, juſqu'au moment où ſon maître ſortit de la caverne.

Une corde tendue & accrochée à un rocher nous permit de deſcendre en nous y tenant fortement, juſqu'à l'endroit où l'on fit tomber une échelle de bois qui ſe trouva aſſez ſolidement établie. Cette difficulté vaincue, nous nous ſommes trouvés à l'entrée de la premiere ſalle. Cette entrée va en deſcendant, elle eſt couverte de capillaires. A droite eſt une eſpece d'antre qui ne mene pas loin.

En face ſe voient quatre magnifiques piliers ayant la forme de palmiers, allignés & formant galerie. Ces piliers peuvent avoir trente pieds de haut & ſont déja des *ſtalactites*. Ce qu'ils offrent de plus ſingulier, c'eſt qu'ils ne touchent point à la voûte qui eſt parfaitement unie, & qu'ils ſont plus larges par en haut que par en bas, ce qui n'eſt pas la forme ordinaire des ſtalactites qui tiennent à la terre. (*)

C'eſt dans cette premiere ſalle ſéparée en deux par

(*) On peut rendre raiſon de ce phénomene, en ſuppoſant que la terre s'eſt affaiſſée tout-à-coup, & a ſéparé ces piliers de la voûte à laquelle ils tenoient

ees piliers que l'on allume des feux, que l'on déjeûne & que l'on renonce pour long-temps à la clarté du jour.

On entre dans la feconde falle par un paffage fort étroit où le corps ne peut paffer que de côté. . . . . Là, pour, defcendre on emploie l'échelle de bois qui a déja fervi ; cette defcente peut avoir vingt pieds & l'inclinaifon du terrein depuis la premiere defcente jufqu'à la feconde peut être de trois toifes.

Cette feconde falle eft immenfe : vous voyez fur-tout à gauche en montant un rideau d'une hauteur qu'on ne peut mefurer, parfemé de brillans, pliffé avec grace & touchant la terre de fa pointe comme s'il avoit été drappé par le plus habile artifte. . . . . Des cafcades pétrifiées, blanches comme l'émail, d'autres jaunâtres qui femblent tomber fur vous en vagues amoncellées; le premier moment effraie, le fecond étonne & ftupéfait : tout eft muet, inanimé. Il femble qu'un pouvoir fupérieur ait tout arrêté d'un coup de baguette, femblable à l'intérieur, de ces palais, où du temps des Fées, les voyageurs interdits promenoient leur admiration fans rencontrer un feul être animé. Plufieurs colonnes, les unes tronquées, d'autres en obélifques, la voûte chargée de feftons & de lances, les unes tranf-parentes comme du verre, les autres blanches comme de l'albâtre, des criftaux, des diamans, de la porcelaine, affemblage riche & bizarre qui contribue encore à retracer ces fictions, amufemens de notre enfance.

En continuant fur la gauche on paffe dans une troifieme falle affez large & fur-tout fort longue ; fa forme eft celle d'une galerie tournante ; on y marche affez long-temps. On s'arrête pour entrer fous une petite voûté très-écrafée où l'on ne peut marcher que courbé ; on appelle cela *four* à caufe de fa forme ronde & baffe ; ce four a deux iffues : les congellations y font blanches, grainues & reffemblent à s'y méprendre à des dragées de toutes fortes de formes.

Il eft impoffible de fe figurer les jeux bizarres que la nature s'eft plu à former dans ce four ; il n'y a point de furtout de deffert où les compartimens foient plus agréablement & plus réguliérement deffinés ; tout eft parfemé d'un fable fin & brillant, femblable à celui que les officiers emploient dans leurs *fablés*.

On laiffe fur la droite un fecond four moins curieux & on entre dans une falle affez grande où l'on ne voit rien que des rochers renverfés, brifés, roulés, fufpendus, qui annoncent des convulfions violentes dans le fein de la terre ; tout eft trifte, lugubre, & l'on paffe promptement dans la crainte de voir fe détacher une de ces énormes pierres qui fouvent femblent menacer votre tête. . . . & fur laquelle un inftant après, vous vous trouvez monté & d'où vous en appercevez d'autres qui produifent fur vous le même effet. C'eft un vafte amphithéatre où l'on fe familiarife avec la crainte & où l'optique & les regles de la géométrie paroiffent fans ceffe en défaut.

Les premieres falles étoient connues dans ce pays & comme elles n'étoient pas le vrai but de notre voyage, nous arrivâmes enfin à l'endroit où M. Lonjon avoit fait jouer la mine.

Le paffage eft étroit ; l'on ne peut y entrer qu'en rampant. Ce trou conduit à une petite piece où peuvent tenir une douzaine de perfonnes.

Derriere trois petits piliers fe trouve un réfervoir

dont l'eau étoit fale & bourbeufe ; une quantité prodigieufe de chauve-fouris habitoit avec nous ce petit efpace ; contre les rochers, nous obfervâmes plufieurs
cryftallifations fous la forme de plantes : elles étoient
blanches, brillantes, & contraftoient merveilleufement
avec le fond noir fur lequel elles étoient appliquées.
Cette falle étoit ouverte par le côté oppofé à celui où
nous étions entrés ; l'on n'appercevoit devant foi qu'un
efpace dont l'œil ne pouvoit apprécier les dimenfions,
& pour y parvenir, aucune efpece de route qu'un rocher à pic de cinquante pieds ; c'étoit-là le premier
efcalier par où il falloit defcendre : l'échelle de corde
eft déployée, accrochée à un ftalactite ; on s'encourage,
on regarde, on recule : un précipice horrible s'offroit
de tous côtés ; une pierre jetée mettoit un temps affez
confidérable à defcendre ; on l'entendoit enfuite fauter
& rouler de rochers en rochers ; puis on ne l'entendoit
plus. Une feule diftraction ou un étourdiffement pouvoient décider de la vie de l'obfervateur.

Cependant nous prenons notre parti. La falle qui
s'offroit à nos yeux à la foible lueur de nos flambeaux
paroiffoit bien faite pour nous dédommager de nos peines.
Des piliers d'une hauteur prodigieufe, une falle grande
comme une place publique, une voûte dont nous ne
pouvions même, à la hauteur où nous étions, mefurer
l'élévation, des précipices dont nous ne pouvions eftimer
la profondeur, tout nous effraie & nous excite ; un
payfan de Ganges, (*) auffi adroit que courageux eft
le premier qui fe hafarde : M. Brunet le fuit ; on n'appercevoit plus au bout de trois toifes celui qui defcendoit,

---

(*) Le fidele Pierre.

le temps qu'il y mettoit paroiſſoit énorme, le rocher ceſſoit tout à coup à vingt pieds & l'échelle ſans ſoutien vacilloit & tournoit ſur elle-même. Le ſilence profond, la foible lueur qui diminuoit l'obſcurité ſans la diſſiper, l'effroi que cauſe cette ſolitude profonde, le bruit inquiétant de quelques ſtalactites briſées qui tomboient de la voûte & rouloient de rochers en rochers, tout contribuoit à donner à notre voyage un air impoſant qui tenoit de l'aventure. Il eſt poſſible qu'en ces occaſions l'ame s'exagere ſes propres ſenſations, mais je rends celles que nous éprouvions alors & nous nous le ſommes avoués pluſieurs fois depuis.

Je deſcendis le troiſieme, j'étois impatient & de voir & d'attendre. L'échelle déja fatiguée par le poids des deux perſonnes qui m'avoient précédé, les échellons trop éloignés les uns des autres & faits en corde, le poids de l'échelle qui les étreciſſoit & les allongeoit encore, le temps qu'il falloit mettre à ſe ſoutenir ſur les poignets pour trouver l'échellon, le détacher du rocher & faire entrer ſon pied dedans ſans pouvoir ſe ſoutenir ſur l'autre main à cauſe de la diſtance, tout cela épuiſa mes forces, de façon qu'au tiers de l'échelle mon bras gauche ne pouvant plus me ſupporter, je reſtai ſuſpendu un pied ſur un échellon & l'autre en l'air, embraſſant l'échelle & ne pouvant plus deſcendre ni monter. Je reſtai un quart-d'heure dans la perplexité la plus cruelle, appercevant ſous moi des précipices effrayans, n'ayant qu'un rocher étroit & gliſſant au pied de l'échelle, ſur lequel il falloit deſcendre perpendiculairement ; me plaignant & plaignant mes compagnons que cela mettoit dans le plus cruel embarras :

j'entendois opiner au deſſous de moi & je jugeois de ma poſition par les diſcours des opinans. Au bout d'un quart-d'heure pourtant, rappellant tout mon courage, preſſé par la néceſſité, retrouvant quelques forces, je me lance à tout haſard, je gliſſe pluſieurs échellons, mes deux compagnons me ſoutiennent avec force, je me laiſſe enfin couler dans leurs bras, trempé de ſueur, accablé de fatigues, & me jette ſur un rocher tout mouillé qui me parut un ſopha délicieux, où je repris bientôt mes eſprits.

M***, mon domeſtique que ma route n'avoit pas encouragé & qui avoit tremblé pour moi reſta en haut avec le fils de M. Lonjon ; il m'avoit accompagné dans toutes les grottes, & quelque courage qu'il eût, il craignit de reſter ſur cette échelle mal conſtruite & que chaque moment rendoit encore plus périlleuſe pour nous. Nous promenâmes nos regards ſur une eſpace immenſe, enrichi, couvert de *ſtalactites* & de *ſtalagmites* de toutes les formes & d'une blancheur éblouiſſante.... Mais il y avoit encore plus de cinquante pieds juſqu'en bas ; des rochers eſcarpés, unis, où le pied ne pouvoit ſe ſoutenir, où la main ne pouvoit s'accrocher, ne laiſ‐ ſoient entrevoir qu'une mort certaine au téméraire qui voudroit ſe haſarder à y deſcendre. En vain eſſayâmes‐ nous de toutes les manieres ; en vain le courageux M. Lonjon tenta-t-il de frayer le paſſage ; déja épuiſés par la fatigue, nous éprouvâmes une eſpece de décou‐ ragement : les cordes nous manquoient ; il nous auroit fallu des fiches de fer, pluſieurs marteaux, des hommes & des forces.... Enfin, nous nous décidâmes, quoi qu'à regret, à remonter cette fatale échelle.

J'étois encore très-fatigué & j'avoue que je ſentis

une frayeur réelle de me rifquer de nouveau fur ces échellons mal faits & mal difpofés ; j'éprouvois une répugnance invincible ; mon poignet me refufoit le fervice. Je n'avois pourtant pas envie de laiffer partir mes compagnons fans moi : il étoit même néceffaire dans la circonftance que je montaffe avant eux. . . . Je le fis, à l'aide d'une corde que je paffai fous mes bras & que tenoient en haut mon domeftique & le brave Pierre qui nous humilioit par fon adreffe & fon audace : avec ce foutien, je montai avec rapidité le long du rocher ; le bras droit fuffifoit pour me diriger ; bientôt je fus en haut fans danger & fans crainte ; mes camarades me fuivirent gaiement & nous ne fûmes pas plutôt réunis que toutes les peines furent oubliées & que l'on ne s'occupa que du regret de n'avoir pas vu cette falle fi fuperbe & fi vafte.

Pour nous confoler en revenant, nous vîmes, fur le chemin même de Saint-Bauzile à Ganges, une petite grotte qui fe trouve dans une vigne au pied d'un olivier ; tout y eft blanc, tranfparent, cryftallifé, parfemé de brillans ; elle n'eft point humide ; on y voit des morceaux très-délicatement travaillés, un baffin qui embelliroit le jardin du plus grand prince. Un précipice très-profond la termine & n'offre rien de curieux qu'un grand lac qui fe précipite avec bruit dans un gouffre profond.

Rendus à la ville, les forces revenues, nous nous accusâmes mutuellement d'imprudence & de manque de précautions, & nous finîmes par nous promettre de revenir. Je retournai à Montpellier : mon récit enflamma le courage de nos jeunes naturaliftes & glaça le cœur des mamans. Plufieurs compagnons s'offri=

rent , j'eus des reproches à effuyer , des defirs à combattre.

Enfin, le famedi 15 juillet, MM. Lonjon, pere & fils, M. le marquis de Montlaur, M. de Bouiffy, préfident au parlement de Douai, M. Brunet, M. Scipion Alut, (*) M. le préfident de Ribes, M. Martin de Choify, (**) mon domeftique , plufieurs payfans, & les gens de M. de Montlaur , fe déciderent à m'accompagner , avec le ferment de pénétrer jufqu'au plus profond de la grotte , quelque chofe qui pût arriver.

Toutes les précautions que la prudence peut fuggérer furent prifes, l'échelle refaite , des hommes travaillerent deux jours à difpofer des pots à feu , à creufer des trous pour placer les pieds , à planter des chevilles de fer pour accrocher des cordes.

Nous partîmes de grand matin vêtus à la légere , munis de thermometre , de crayons , de marteaux ; à la fois peintres , maçons , naturaliftes , méchaniciens , nous nous infpirions mutuellement de la gaieté & du courage. Nous refîmes fans peine toute la route dont nous avons déja parlé ; nous brûlions d'arriver au terme de nos travaux. L'échelle de corde commença à effrayer un peu nos compagnons , nous leur donnâmes l'exemple , & bientôt chacun fe difputa le plaifir d'y defcendre.

Le pas du diable fe préfenta : c'étoit l'endroit où nous avions été arrêtés , & que nous avions ainfi nommé à caufe du danger qu'il offre ; en effet, malgré tout

---

(*) Littérateur diftingué , traducteur de plufieurs ouvrages grecs & anglois , que nous avons eu le malheur de perdre à la fleur de fon âge.

(**) Connu fi avantageufement par les jolies pieces dont il enrichit depuis plufieurs années l'almanach des Mufes & les Etrennes lyriques.

le travail qu'on y avoit pu faire, ce paffage n'avoit que la place du pied ; un rocher qui avance, gêne les genoux pour enjamber ; un précipice eft derriere ; il faut marcher de côté, fur ce plan incliné, les pieds tout-à-fait en dehors ; nous n'y avons jamais vu paffer les autres fans effroi, & on craignoit pour eux plus que pour foi-même.

Pendant vingt pas, ce paffage étoit notre feule galerie, une corde pofée au hafard notre baluftrade, & le fang-froid notre conducteur.

Cette difficulté furmontée, on admiroit un pilier tranfparent de vingt-cinq pieds de haut, blanc comme l'albâtre, tout formé de choux-fleurs pofés les uns fur les autres, en diminuant toujours & formant pyramide. Là, un nouvel obftacle nous attendoit. Il fallóit defcendre, le plan étoit incliné, l'échelle ne pouvoit fervir ; un précipice étoit en bas, le terrain étoit gliffant, & il s'agiffoit de tomber très-droit, fans cela on rifquoit de fe perdre dans un trou profond, ou de fe brifer contre des rochers. Il fallut attendre une heure pour attacher des fiches de fer & placer des cordes. Ceux qui ne travailloient pas étoient obligés de coigner avec des marteaux contre des rochers pour que leurs fens ne fuffent pas bientôt glacés. On fit couler en bas une piece de bois pour allonger le terrain, & c'étoit fur ce feul appui qu'il falloit fe laiffer gliffer directement, en fe tenant par la main gauche à une corde, à laquelle on s'accrochoit de fon mieux. C'eft là, que deux de mes compagnons refuferent de nous fuivre, la peur les faifit, & ils aimerent mieux refter en haut, que de profiter par une nouvelle peine, & la derniere, du fruit de toutes celles qu'ils avoient prifes.

Arrivés ſur cette piece de bois, une ſtalactite briſée, d'un pied de diametre, eſt l'endroit ſur lequel on peut commencer à ſe croire en ſûreté, & dans toute autre circonſtance on en jugeroit différemment; mais, par comparaiſon, comme c'eſt un appui ſolide, on monte deſſus avec joie & on reſpire un moment. Quelques gouttes d'eau-de-vie rappellent les forces, & ce qu'on apperçoit y contribue au moins autant.

De ce pilier, on deſcend enfin ſur un plan ſolide, où l'on peut marcher, ſinon avec aiſance, du moins avec ſûreté. Chaque pas attiroit un nouvel éloge.

Un autel blanc comme la plus belle porcelaine, haut de trois pieds, d'un ovale parfait avec des marches régulieres, fut le premier objet qui nous frappa. La table de cet autel eſt d'un émail éblouiſſant, en feuilles poſées les unes ſur les autres, comme des feuilles d'artichaux.

Plus loin ſont quatre colonnes torſes, jaunâtres, mais tranſparentes en pluſieurs endroits malgré leur groſſeur; quatre hommes ne peuvent les embraſſer. Leur hauteur ne peut s'apprécier; nous avons ſuppoſé qu'elles touchoient la voûte. Cependant nous n'avons pu nous en aſſurer.

La ſalle eſt grande comme la moitié de Ganges; nos yeux ne pouvoient en meſurer l'élévation, ni la profondeur. Nous apercevions des cavités où l'induſtrie humaine ne pouvoit nous faire pénétrer; aſſis ſur cet autel, nous étions entourés d'une quantité ſi prodigieuſe d'objets, qu'elle nous plongeoit dans une admiration muette & ſtupide, entr'autres. . . . un obéliſque auſſi haut qu'un clocher, terminé en aiguille, parfaitement rond, de couleur rouſſâtre, ciſelé dans toute ſon élévation & dans les proportions les plus exactes; des maſſes auſſi groſſes que des égliſes, tantôt en forme de caſcades, tantôt imitant des nuages; des piliers briſés en toutes directions & couverts d'un émail en ramification; des choux-fleurs, des dragées, tout ce que le haſard peut offrir de combinaiſons bizarres & variées... Une tête de mort fut le ſeul objet qui troubla notre ivreſſe; nous fûmes très-embarraſſés de concevoir par où cet être malheureux avoit pu pénétrer dans cette grotte, puiſque nous n'y étions entrés qu'en faiſant jouer la mine; mais nous étant bien aſſurés qu'il n'y avoit aucune eſpece d'iſſue, nous conclûmes que l'eau qui inonde cette grotte tous les hivers avoit apportée avec elle cette tête, & nous reprîmes notre gaieté.

Une des merveilles de cette grotte eſt une ſtatue coloſſale, poſée ſur un piedeſtal, repréſentant une femme qui tient deux enfans. Ce morceau ſeroit digne du plus grand ſouverain de l'Europe, ſi, hors de la place où il eſt, il conſervoit la forme que nous lui avons trouvée très-diſtinctement, & ſans nous faire la moindre illuſion.

Par-tout des franges, des rideaux, des baldaquins, des enduits d'émail & de cryſtal, des dentelles, des rubans ſi délicatement travaillés qu'il faut ſavoir que jamais l'homme n'a pénétré dans ces régions, pour croire que ce n'eſt pas un ouvrage de l'artiſte le plus habile.

Cette ſalle eſt ronde : on pourroit la comparer à une baſilique entourée de chapelles plus ou moins élévées; le milieu eſt un dôme dont on ne peut déterminer l'élévation, & nous avons évalué par ce que nous avions deſcendu, qu'elle étoit d'environ cinquante toiſes. Le fond eſt humide; dans pluſieurs ſalles la terre eſt noire & l'on y enfonce, entr'autres dans une, qui reſſemble parfaitement à une falle de manege, avec un pilier au milieu.

Il eft impoffible de décrire tout ce que nous avons vu dans cette falle, & dans les petites pieces adjacentes pendant dix heures que nous y avons paffées, tant à defcendre qu'à obferver. Plufieurs morceaux étoient fi éblouiffans, fi réguliers, d'une forme fi heureufe qu'ils attirerent nos hommages: l'enthoufiafme excufe tout, & réelle-ment il fe trouve plufieurs morceaux qu'on ne peut décrire & dont nous fûmes ravis ; le fpath calcaire qui fe trouve dans cette grotte eft de la plus belle efpece, & doit produire un albâtre précieux. On auroit voulu tout emporter, & nous pouvons même mériter le reproche d'avoir détruit plufieurs de ces objets de notre refpect & de notre admiration. Cette faute eft d'autant plus grande que ces morceaux perdent la moitié de leur prix lorfqu'ils font déplacés. L'humidité qui regne dans ce lieu, donne aux productions de la nature un vernis de fraîcheur, qu'on ne peut comparer qu'à la fleur d'un fruit qui fe perd en le touchant.

De toutes parts nous appercevions l'échelle de corde ; & defcendus au plus bas, ce qui ne fe fit encore qu'avec des cordes paffées fous les bras & beaucoup de peine, nous n'ofions pas regarder l'endroit par où il falloit remonter : tant la diftance nous paroiffoit énorme & la hauteur effrayante ; la lueur de la plus grande torche ne fembloit pas plus forte que celle d'une bougie ordinaire.

Le terrain fur lequel on marche eft rempli de débris de ftalactites ; il paroît qu'il s'eft paffé de grands mou-vemens dans cet antre fouterrain, & devant nos yeux un rocher tomba, qui n'avoit été que légérement pouffé.

Cette statue de femme, dont nous avons parlé, se voyoit de plusieurs endroits ; ce n'étoit point un effet de l'imagination : la ressemblance frappa les paysans qui nous accompagnoient ; ce ne fut qu'un même cri & qu'une même admiration ; un entr'autre s'écria, séduit par tout ce qui l'entouroit : *Qu'on m'apporte du pain & je reste ici un mois !*

Nous dînâmes en bas ; tout étoit éclairé autant qu'il étoit possible dans un espace aussi vaste. L'eau que nous avions trouvée dans un petit réservoir près de l'endroit où étoit placée l'échelle de corde, s'étoit purifiée depuis notre premiere course & nous parut excellente.

Après le dîner, nous fîmes le procès-verbal de notre descente & des moyens employés pour y parvenir, nous le mîmes dans une bouteille bien scellée, nous plaçâmes la bouteille dans un endroit où elle ne pouvoit pas être brisée ; une boîte de fer-blanc contint nos noms, & au plus profond de la grotte près d'un portique, le morceau le plus étonnant de ce lieu (*), nous attachâmes une plaque de plomb où nos noms font inscrits. On ne feroit point étonné de ces petits dédommagemens de l'amour-propre, si on pouvoit par soi-même s'assurer de la patience, du courage & de la prudence qu'il a fallu employer.

Les flambeaux qui finissoient nous avertirent de partir : ce fut à regret. Qu'on ne croie pas ceci le langage de l'enthousiasme ; nous osons l'assurer : on y peut passer un jour entier sans avoir le temps de tout voir. La

---

(*) Il paroît avoir quarante pieds de haut sur vingt de large. Derriere on apperçoit deux files de stalactites alignées, qui forment une galerie, dont le portique paroît être l'entrée.

defcription de la grotte d'Antiparos qu'on a cru fabu-
leufe dans M. de Tournefort, & qui n'eft qu'exagérée
d'après les voyages intéreffans de M. le comte de
Gouffier, eft une foible image de la grotte de Ganges;
la diftance n'eft pas affez grande pour qu'on ne puiffe
s'en affurer, & nous invitons les voyageurs, amateurs
de ces fortes de curiofités, à s'y tranfporter fans défiance;
alors nous nous flattons qu'ils nous rendront juftice,
& qu'ils conviendront que nous n'avons rien dit de
trop.

Au bout de douze heures & demie, tant dans les
autres falles que dans celle-là, nous fortîmes fans
avoir éprouvé d'autre incommodité, que la fatigue
exceffive. L'air légérement humide n'eft point nuifible,
il eft même favorable aux poitrines délicates. (*) Nous
étions haraffés, mais ravis, & revoyant le jour, il nous
fembloit fortir d'un rêve que nous regrettions de voir
finir.

Le chemin pour remonter eft beaucoup plus facile;
d'ailleurs à préfent, les fiches de fer font pofées; avec
une échelle de corde bien faite, d'autres cordes encore
pour les endroits difficiles, on peut, fans crainte pénétrer par-tout; il y a dans le pays l'intrépide *Pierre*
qui y conduira les curieux; il s'expofe avec zele,
redouble de courage dans les dangers, & raffure ceux
qui n'en ont pas l'habitude. M. Lonjon d'ailleurs, qui
habite Ganges, & dont nous ne pouvons trop louer
l'honnêteté, l'adreffe & le fang-froid, MM. fes fils,

(*) Les bougies durent plus long-temps par le peu d'agitation
que l'air éprouve. Nous ne pumes au jufte eftimer fa température,
notre thermometre s'étant caffé.

dignes en tous points de ce respectable pere, ne refuseront point de donner tous les éclaircissemens nécessaires, & d'accompagner même ceux qui paroîtront vraiment curieux.

Je crois bien qu'on peut trouver dans le sein de la terre une grotte aussi belle; mais je suis persuadé qu'il est impossible d'en trouver une qui la surpasse : c'est le seul motif qui m'a engagé à publier cette description dont je garantis l'exactitude & l'authenticité.

F I N.